AF596460

RECETTES
PRÉCIEUSES
QUI N'ONT JAMAIS PARU,

Pour les Marchands de Vins, Épiciers et Limonadiers,

Pour bonifier les Vins et Eaux-de-Vie,

Faire le Champagne,

LA BIÈRE ET L'EAU DE SELTZ.

Par un ancien Marchand de Vins.

INDIGENT et AVEUGLE.

PRIX : UN FRANC.

1846

Recette

POUR BONIFIER LES VINS BLANCS EN PIÈCES,

Détruire l'aigreur et l'acidité.

Prenez deux kilos de sucre commun, que vous ferez fondre dans deux litres d'eau et un litre d'eau-de-vie blanche, que vous mettrez dans une pièce de deux hectolitres, puis vous remuerez avec un bâton pendant 5 minutes : vous aurez un Vin parfait.

POUR ENLEVER L'AIGREUR ET L'ACIDITÉ

des Vins rouges.

Prenez un kilo de sucre commun, que vous ferez fondre dans un litre d'eau-de-vie ou d'esprit-de-vin, et que vous mettrez dans la pièce de deux hectolitres; puis vous remuerez avec un bâton, comme quand on colle.

POUR IMITER LE VIN DE CHAMPAGNE.

Mettez votre Vin blanc en bouteilles, après l'avoir bien collé à la colle de poisson; vous ajouterez dans chaque bouteille le centième du kilo de sucre blanc ou candi en poudre, et pour 5 c[mes] de

que vous trouverez chez un Pharmacien.

Vous bouchez de suite vos bouteilles et vous les couchez sur le sable.

MANIÈRE DE FABRIQUER LE VIN DE CHAMPAGNE
A Epernay.

Deux mois après les vendanges, l'on soutire les Vins blancs; ensuite on les colle. Au mois de Mars, on les met en bouteilles et on les bouche, en laissant sortir le bouchon un peu long; on place dans les caves de grandes tables trouées comme des planches à bouteilles : on y place les bouteilles le bouchon dessous, pour que le dépôt s'y attache, et un mois après l'on prend la bouteille avec précaution, l'on tire le bouchon, et le dépôt sort avec; l'on ajoute dans chaque bouteille le centième de kilo de sucre candi en poudre, et pour 5 c[mes] de

que vous trouverez chez un Pharmacien.

On bouche les bouteilles que l'on ficelle, on les couche et on les empile, ou on les met sur le sable.

POUR FAIRE MOUSSER LA BIÈRE

de suite.

Mettez votre Bière en bouteilles, et ajoutez dans chaque bouteille un peu de

que vous trouverez *Faubourg Saint-Honoré,* 388, chez le Pharmacien.

POUR FAIRE L'EAU DE SELTZ

à la minute.

Emplissez vos bouteilles d'eau bien claire, et ajoutez dans chaque bouteille pour 4 c[mes] de

que vous trouverez chez un Pharmacien.

Bouchez de suite la bouteille, passez un fil sur le bouchon, et couchez-la; votre Eau de Seltz moussera comme du Vin de Champagne.

POUR RENDRE LES EAUX-DE-VIE

d'une qualité rare.

Prenez deux kilos d'amandes douces de Provence et une livre de raisin de caisse, que vous pilerez ensemble dans un mortier jusqu'à ce qu'ils soient en pâte; vous les mettrez dans une pièce d'esprit-de-vin réduit de 2 hectolitres, que vous remuerez avec un bâton, comme quand on colle. Plus votre Eau-de-Vie vieillira, plus elle sera bonne.

CONNAISSANCES PRÉCIEUSES

Pour toutes les personnes qui achètent des Vins dans les Magasins ou chez les Propriétaires.

Quand la maturité des raisins est imparfaite, les Vins sont désagréables au goût; si vous trouvez dans les Vins un goût doux et agréable, il sera probable qu'ils auront été travaillés par les moyens que j'ai indiqués, et que les prétentions des vendeurs seraient d'un prix élevé, en les annonçant comme provenant des meilleurs coteaux, et que la modique dépense qu'ils auraient faite leur serait d'un grand produit envers les personnes qui ne s'y connaîtraient pas.

DU TEMPS ET DE LA SAISON

Où il faut se défier du travail des Vins.

Vous pouvez travailler les Vins comme je l'ai indiqué sans rien craindre, et en telle quantité que vous voudrez, depuis le mois d'Octobre jusqu'au mois d'Avril suivant; dans les autres mois de l'année, la fermentation peut changer la nature des Vins.

Pour blanchir

LES VINS BLANCS JAUNES.

Prenez une barrique fraîche vide, que vous mêcherez quatre fois plus fort qu'à l'ordinaire ; vous prendrez un litre ou deux de lait et un demi-litre d'eau-de-vie blanche ; vous mettrez le tout dans la pièce et vous remuerez avec un bâton, après le soutirage.

POUR DÉGRAISSER LES VINS GRAS.

Prenez une barrique fraîche vide que vous mècherez, et soutirez-y votre Vin ; prenez deux litres d'esprit-de-vin à 33 degrés que vous mettrez dans la pièce, et vous la collerez comme d'usage.

POUR DONNER BON GOUT AUX VINS

en bouteilles.

Prenez pour 25 c^{mes} de vanille que vous couperez très menue, et mettez-la infuser durant huit jours dans un litre d'esprit-de-vin, que vous mettrez dans une pièce de Vin de deux hectolitres, et vous la collerez comme d'usage.

Imp. Pollet et Cie, rue St-Denis, 380.

1846.

RECETTES

Pour gagner beaucoup d'Argent

Sur les Vins, Eaux-de-Vie, faire le Champagne, la Bière, l'Eau de Seltz, Farine à 10 c. le k°. Guérison des Blessures, Surdités, Rhumatismes, et donner de la force aux jeunes Enfans.

PAR UN ANCIEN AVEUGLE.

PRIX : 50 CENT.

PARIS.

POLLET, Imprimeur, passage du Caire, 86.

Pour faire la Farine

à **10** *c. le k°.*

Prenez 10 k^{os} de
que vous laverez proprement, et les ferez cuire à l'étouffée dans une marmite, ensuite on lève la pelure avec la pointe du couteau, on les réduit en farine sur une table avec un rouleau, et l'on s'en sert pour le Potage, Pâtisserie, et une portion dans le pain.

Guérison des Blessures.

Prenez 12 écrevisses de rivières, que vous ferez cuire, ensuite mettez-les dans un mortier avec 10 c. de beurre frais, que vous pilerez ensemble pour en extraire le jus pour vous en servir.

Surdité

Faites chauffer un linge ou mouchoir que vous appliquerez sur vos oreilles durant 3 minutes, et plusieurs fois répétées ; je me suis guéri de cette manière.

Goutte ou Rhumatisme.

Placez un matelas près du feu sur le plancher, couchez-vous dessus les pieds nus et le plus près du feu possible, la circulation du sang reprendra ; je me suis aussi guéri de cette manière.

Pour fortifier les Enfants.

Prenez un peu de vin avec du sucre que vous ferez fondre, lavez-en votre enfant deux fois la semaine, et il prendra de la force.

www.ingramcontent.com/pod-product-compliance
Lightning Source LLC
LaVergne TN
LVHW052033160826
845678LV00003B/1320

* 9 7 8 2 3 2 9 6 3 2 6 3 6 *